nouveau

Livre miroir

CP

CYCLE 2

Lire écrire

Bernard SEMENADISSE
Professeur des Ecoles
Claire GAUTHEREAU
Institutrice

MAGNARD ÉCOLES

Sommaire

Crédits iconographiques
P. 5 : *Bwouf Allo Bill,* © SPRL Roba, © Dargaud Benelux. **P. 6 :** 1 et 5 © Claude Lemant ; 2, 6 et 8 © Fabienne Camberlin ; 3, 4 et 7 © Gilles Larbi / Slide. **P. 8 :** 1, 2, 3, 4, 5, 6, 9 © Gilles Larbi / Slide ; 7 et 8 © Fabienne Camberlin ; 10. © Slide. **P. 10 :** 1, 2, 5, 7 et 10 © Gilles Larbi / Slide ; 3 © Sylva Villerot / Diaf ; 4 et 9 © Stefan Meyer ; 6 © Smoby ; 8 © Fabienne Camberlin. **P. 12 :** 2 Frère Jacques et autres chansons, R. Demaes © Nathan. **P. 20 :** © Municipalité de Crosne, 2. © Yves Mury. **P. 21 :** © FNAC, D.R. **P. 25 :** © Patrice Bouvier / Rapho. **P. 28 :** *Bouchon et le vilain petit cochon,* Taymans di Giorgio, © Casterman ; 1. *Astérix Légionnaire,* Goscinny / Uderzo © 1998, Les éditions Albert René / Goscinny - Uderzo. 2. © Bobbi Lane / Fotogram stone. **P. 29 :** *Jujurassique,* J-L Cornette, © Casterman ; 5 © Pal Hermansen / Fotogram stone ; 6 *Bwouf Allo Bill,* © SPRL Roba, © Dargaud Benelux. ; 7 *Cédric, classe tous risques,* Laudec et Cauvin, © Dupuis, 1990. **P. 38 :** © Hans Peter Merten / Fotogram stone. **P. 40 :** Herb Schmitz / Fotogram stone. **P. 42 :** © Sylvain Grandadam / Fotogram stone. **P. 51 :** 1 © Aurel / Jerrican ; 2. © Paolo Koch / Rapho ; 3. © Valter Raymond / Phone ; 4. © J. Fernandez ; 5. © Hautala Hannu / Phone ; 6 © Stefan Meyer ; 7. © Pal Hermansen / Fotogram stone ; 8 © J.C. Meignan / Diaf. **P. 64 et 66 :** © Disney par autorisation spéciale de TWDCF. **P. 68 :** *Nathalie tout le monde,* S. Salma, © Casterman.

Avant-propos

Les dernières instructions officielles, relatives aux cycles à l'école élémentaire définissent les compétences à acquérir au cours du **cycle 2**, dans le domaine de **la production d'écrits** : *« L'élève doit pouvoir écrire un texte de quelques lignes répondant à des consignes claires, (...) et tenir compte des contraintes propres à chaque type d'écrit : présentation, vocabulaire adéquat, syntaxe. »*

Ces mêmes instructions précisent que : *« Lire et écrire sont deux activités indissociables dès le niveau des apprentissages fondamentaux. »*

Ce cahier a un triple objectif.
Le premier est d'imbriquer la lecture et l'écriture.

Le deuxième objectif est de permettre à l'élève d'identifier les différents supports d'écrits et d'en connaître leur utilité.

Le troisième objectif concerne **l'évaluation formative** : pour chaque activité d'écriture, est proposé un **guide de relecture** qui a un triple but :
• récapituler les règles à respecter pour traiter le sujet ;
• indiquer clairement à l'élève quels sont les critères de réussite ;
• permettre à l'élève, après relecture, d'améliorer son travail, le plus souvent en le réécrivant et ainsi de progresser.

Pour atteindre ces objectifs, ce cahier présente 9 modules : chacun d'eux représente environ le travail de deux ou trois semaines ; l'ensemble, complété par les écrits utilitaires ou en situation survenant au cours de l'année scolaire, permettra donc de couvrir largement les activités de production d'écrits au CP.

A la fin du cahier, se trouve la liste des **compétences** à atteindre pour les élèves au cours de la deuxième année du cycle 2.

Elle met en évidence les savoir-faire qui peuvent être développés et évalués selon les modules étudiés.

Après chaque production d'écrit, l'enseignant indiquera pour chacun des élèves si la compétence est acquise, en cours d'acquisition ou non acquise. Dans le premier cas, des activités de remédiation pourront être entreprises en organisant par exemple, au sein d'un même cycle, des groupes de besoin.

A noter que la **progression** proposée tient compte de la difficulté des écrits, mais elle n'est pas immuable, l'ordre des modules peut être changé selon les motivations, les nécessités et les projets de la classe.

Nous souhaitons que cet ouvrage fasse progresser, en lecture et production d'écrits, les élèves qui l'utiliseront et qu'il soit aussi une aide aux enseignants désireux de porter leur effort sur l'écriture.

Les auteurs

Un **guide du maître** expose les objectifs généraux propres à chaque module, ainsi qu'une proposition de découpage des activités en séances. Pour chacune d'elles sont indiqués les sous-objectifs et des suggestions quant à la démarche pédagogique.

Les listes

Léo va faire les courses.
Il a préparé une liste.

- chocolat
- pain
- gâteaux
- farine

Comme Léo, tu vas apprendre à présenter une liste.

Sais-tu reconnaître ce type de texte ?

Colorie le numéro qui indique qu'il s'agit d'une liste.

- Héléna
- Marie
- Jérémy
- Julien
- Justine
- Sébastien
- Alexis
- Fabian
- Coralie

1

2

Il était une fois une petite fille qui avait un bonnet rouge, un manteau rouge, des chaussettes rouges, des chaussures rouges.
On l'appelait le petit Chaperon rouge.
Un matin, sa maman lui dit : « Ma chérie, ta grand-mère est très malade. Apporte-lui ce panier et ce petit pot de beurre. Mais surtout ne t'amuse pas en chemin ! »

3

Léa, je suis
allée faire les
courses.
Je reviens dans
5 minutes,
Maman

Bonjour !

– Bonjour, madame la pluie,
Comment va votre amie ?

– Elle va très bien, merci.

– Bonjour, monsieur le soleil,
Avez-vous un réveil ?

– Pas du tout, j'ai trop
sommeil !

4

5

6

- fruit
- jus de pomme
- sucre
- lait
- journal
- lessive
- beurre

Paul Cézanne, *Louveciennes*, 1872.

Le 6 Septembre,

Ma chère petite Léa,
Nous passons
de bonnes vacances
et nous t'envoyons
de gros bisous,
Papi et Mamie

Post-Impressionnistes - Bookking International

Léa Durand
25, Rue des Prés
01640 Tonnas

7

LECTURE

Matériel pour la classe de C.P.

- 1 cahier
- 1 crayon noir
- 1 stylo bleu
- 1 stylo vert
- 1 stylo rouge
- 1 stylo noir
- des crayons de couleur
- des feutres
- 1 ardoise
- 1 gomme
- 1 chiffon

POUR T'AIDER

un cahier

un crayon

un chiffon

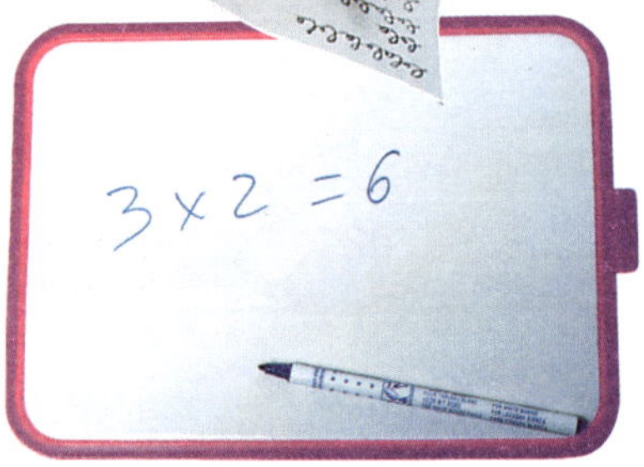

une ardoise

une gomme

un stylo

un cartable

un feutre

les couleurs : bleu rouge noir vert

Réfléchir

1 Léa et Léo ont écrit chacun leur liste.
Regarde s'ils n'ont rien oublié,
en comparant leur liste avec celle de la page 6.
Souligne sur chaque liste les objets demandés par la maîtresse.

Léa

– 1 pomme
– 1 cahier
– 1 chiffon
1 salade
– 1 stylo vert
– des feutres
– des tomates
– 1 stylo bleu

Léo

1 crayon noir ; 1 poire ;
1 stylo rouge ; 1 rôti ;
1 stylo noir ; des carottes ;
des crayons de couleur ;
1 ardoise ; du chocolat.

2 Observe la présentation des listes de Léa et Léo.

- La liste la plus facile à vérifier est celle de :

- La liste la plus claire est celle de :

- Pourquoi ? *(réponse orale)*

Dresser une liste

→ Pour dresser une liste, on écrit les noms des objets les uns en-dessous des autres.
→ On n'écrit qu'un seul nom par ligne.
→ On commence chaque ligne par un tiret.

LECTURE

En classe de découverte

Voici les vêtements et les objets que Léa doit emporter en classe de découverte.

4 maillots de corps

4 culottes

1 pull

1 brosse à dents

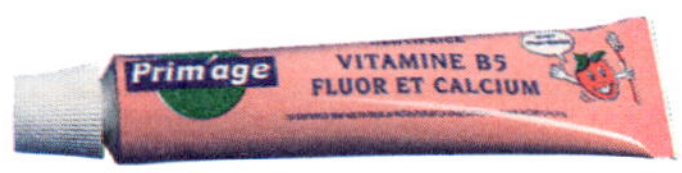

du dentifrice

1 pyjama

1 jupe

1 pantalon

4 paires de chaussettes

1 paire de tennis

Donner du sens à la lecture

1 Coche ce que doit emporter Léa :

- ☐ des cahiers
- ☐ des vêtements
- ☐ des objets pour la toilette
- ☐ des bonbons

2 Écris le nombre qui convient.

...... pyjama ...... pantalon

...... culottes ...... pull

...... maillots de corps

...... paires de chaussettes

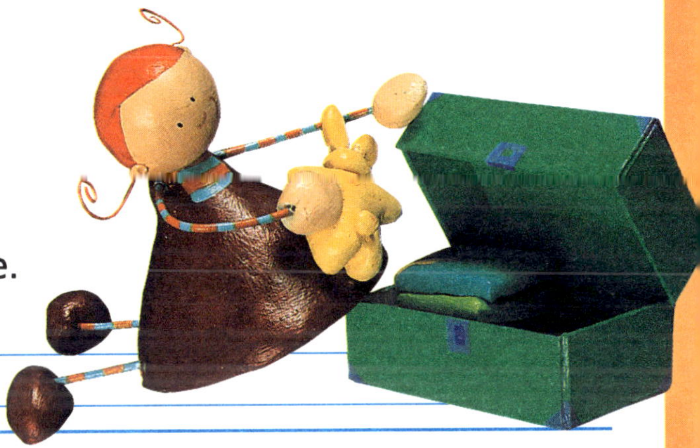

S'entraîner

Écris la liste des vêtements que Léa doit emporter en classe de découverte.

- 4 maillots de corps
- 1 pyjama

CRITÈRES DE RÉUSSITE

La silhouette d'une liste

–
–
–
–
–
–

ÉCRITURE

Des jouets

un ours en peluche

un cartable

une poupée

des patins

une voiture télécommandée

un polo

une montre

un circuit

un vélo

un magnétophone

Écris la liste des jouets que tu aimerais recevoir en cadeau.

GRILLE DE RELECTURE

	Évaluation oui	Évaluation non	Co-évaluation oui	Co-évaluation non
→ L'écriture est soignée.	☐	☐	☐	☐
→ Chaque ligne commence par un tiret.	☐	☐	☐	☐
→ Un seul jouet figure à chaque ligne.	☐	☐	☐	☐
→ Les tirets sont situés les uns en dessous des autres.	☐	☐	☐	☐
→ La liste ne comprend que des jouets.	☐	☐	☐	☐

RÉÉCRITURE

Si, avec l'aide de ton maître ou de ta maîtresse,
tu as coché une ou plusieurs cases « non »
tu devras corriger ta liste, puis la réécrire ci-dessous.

Un court récit

Léo adore les petites histoires.
Il en a inventé une.

La truite

Julien est à la pêche avec son papa. Il pose sa ligne et il attend. Mais le poisson ne mord pas. Alors, Julien se met à chanter. Tout à coup, la ligne remue. Julien tire et une truite apparaît au bout de la ligne ! « Maintenant, lorsque j'irai à la pêche, je chanterai toujours ! » dit Julien tout content.

Comme Léo, tu vas apprendre à écrire un court récit.

Sais-tu reconnaître ce type de texte ?

Colorie le numéro qui indique qu'il s'agit d'un court récit.

1

Au jardin

Pauline joue dans le bac à sable avec une petite amie.
Sa maman est assise sur un banc et bavarde avec les autres mamans.
Pauline fait un beau château de sable. Mais lorsqu'elle veut montrer son château à sa maman, elle s'aperçoit qu'il n'y a plus personne sur le banc. Pauline se met à pleurer. Alors, sa maman, qui s'était levée pour voir le château, lui dit :
« Ma chérie, ne pleure pas, je suis là ! »
Rassurée, Pauline sèche ses larmes et rit.

2

Le petit chat

Un petit chat,
Tralala.

Va au marché,
Tralalé.

Achète du poisson,
Tralalon.

Rentre chez lui,
Tralali.

Mange le poisson,
Tralalon.

S'endort,
Tralalor.

3

DOCTEUR GÉRALDINE HIPPO
16, RUE DE LA SAVANE
13000 MARSEILLE
Consultations :
du lundi au vendredi
de 10 heures à 12 heures

4

Je soussignée certifie que Luc Duval ne doit pas fréquenter l'école pendant 5 jours pour raisons de santé.

G. Hippo

- 1 stylo bleu
- 1 stylo vert
- 1 stylo rouge
- 1 taille-crayon
- 1 règle
- 1 gomme
- 1 crayon noir

5

Le 24 septembre

Chère maman

Je suis bien arrivée. Je mange bien, je dors bien, je m'amuse bien.

Un gros bisou pour toi et pour papa.

Méryl

6

7

Le canari

Dans la classe,
il y a une cage
avec un canari.
Le canari s'ennuie,
malgré les enfants
qui viennent lui donner
des miettes
de leur goûter.
La petite Juliette
a compris que le
canari s'ennuie. Un jour,
pendant la récréation,
elle ouvre la cage et
l'oiseau s'envole, libre.

LECTURE

Bricolage

Papa répare la porte de la cuisine.
Cédric l'aide, mais il se pince le doigt : il pleure.
Papa le porte sur le canapé et il le soigne.
Cédric est guéri : il va jouer dans le jardin.

POUR T'AIDER

Lis l'histoire Bricolage.
Entoure les cinq mots utilisés
dans l'histoire.

Cédric

pleurer

Il porte un colis.

une porte

le jardin

un canapé

Donner du sens à la lecture

Coche les réponses qui conviennent.

Qui bricole ?
- Cédric. ☐
- Papa. ☐
- Maman. ☐

Que font-ils ?
- Papa porte un canapé. ☐
- Papa répare une porte. ☐
- Cédric aide papa. ☐

Qu'arrive-t-il à Cédric ?
- Il se brûle le doigt. ☐
- Il tombe. ☐
- Il se pince le doigt. ☐

Qui est sur le canapé ?
- Cédric. ☐
- Papa. ☐
- La porte. ☐

Réfléchir

1 Quel est le titre du récit ?

2 Que se passe-t-il dans ce récit ?

3 Comment se termine ce récit ?

Le récit

Un récit est une petite histoire.
→ Il a un titre.
→ Il raconte un événement.
→ Il a une fin (il se termine bien ou mal).

LECTURE

Les majuscules

A	A	B	B	C	C	D	D	E	E
F	F	G	G	H	H	I	I	J	J
K	K	L	L	M	M	N	N	O	O
P	P	Q	Q	R	R	S	S	T	T
U	U	V	V	W	W	X	X	Y	Y
Z	Z								

DES OUTILS

Réfléchir

1 Repasse, en rouge, les majuscules du récit « Bricolage », page 14.

2 Dans chaque phrase, à quel endroit a-t-on mis les majuscules ?

3 Quel signe figure à la fin de chaque phrase ?

4 Quel est le mot qui commence par une majuscule à l'intérieur d'une phrase ?

La ponctuation

→ Le premier mot d'une phrase commence toujours par une majuscule.

→ Une phrase se termine par un point (. ! ?).

→ On met une majuscule au début d'un nom propre.

S'entraîner

1 Écris les prénoms de tes amis et de tes parents, en commençant chacun d'eux par une majuscule.

2 Recopie chaque phrase en commençant par une majuscule et en terminant par un point. Mets une majuscule aux noms propres.

le jardinier plante un sapin

un escargot s'est endormi sous une pierre

nous avons trouvé un petit hérisson ;
son nom est kipik

CRITÈRES DE RÉUSSITE

Pour écrire un récit, il faut :

- → lui donner un titre ;
- → raconter un événement ;
- → terminer le récit (bien ou mal) ;
- → faire plusieurs phrases ;
- → commencer chaque phrase par une majuscule ;
- → terminer chacune d'elles par un point ;
- → mettre des majuscules aux noms propres.

ÉCRITURE

1 • Écris une histoire courte en utilisant les mots de l'une de ces deux listes.

• Si tu n'emploies pas tous les mots de la liste choisie, utilises-en au moins quatre.

• N'oublie pas les points et les majuscules.

Liste 1	Liste 2
– bateau	– moto
– alligator	– rue
– rouge	– vert
– nager	– rouler
– attacher	– garçon
– fille	– parc

GRILLE DE RELECTURE

	Évaluation oui	Évaluation non	Co-évaluation oui	Co-évaluation non
1 Présentation				
→ L'écriture est soignée.	☐	☐	☐	☐
2 L'histoire				
→ Elle contient au moins quatre mots de la liste choisie.	☐	☐	☐	☐
→ Elle peut être facilement comprise par un(e) camarade.	☐	☐	☐	☐
→ Elle a un titre.	☐	☐	☐	☐
3 Les phrases				
→ Elles commencent par une majuscule.	☐	☐	☐	☐
→ Elles se terminent par un point.	☐	☐	☐	☐
→ Les noms propres commencent par une majuscule.	☐	☐	☐	☐

RÉÉCRITURE

Si, avec l'aide de ton maître ou de ta maîtresse, tu as coché une ou plusieurs cases « non », tu devras corriger ton histoire, puis la réécrire.

La publicité

Léa a trouvé une publicité dans sa boîte aux lettres.

Comme Léa, tu vas apprendre à réaliser des publicités, pour une fête, une exposition, une invitation.

Sais-tu reconnaître ce type de document ?

Colorie le numéro qui indique qu'il s'agit d'une publicité.

- un ours
- une poupée
- une voiture
- un CD
- des billes

1

2

La sorcière

Près de la boulangerie, vit une dame qui n'est pas très belle, ni très agréable.
Tout le monde, dans la ville, l'appelle la sorcière.
Léa passe tous les jours devant la maison de la sorcière pour aller chercher le pain. Un jour, elle se trouva nez à nez avec la « sorcière ».
Léa s'enfuit en courant. Mais elle avait tellement peur qu'elle tomba. Elle avait très mal à la jambe et n'arrivait pas se relever. La « sorcière » arriva près de Léa. La fillette se mit à hurler.
La « sorcière » prit Léa dans ses bras et la ramena chez ses parents. Les parents, très contents, devinrent des amis de la « sorcière » qui n'était pas du tout une sorcière.
Depuis ce jour-là, plus jamais personne n'appella cette dame la « sorcière ».

3

4

5

- une pomme
- trois morceaux de sucre
- une noix de beurre
- un peu de canelle
- de la farine
- un œuf
- du lait

6

Le 12 novembre

Chère mamie, cher papi,
Je suis bien content des vacances que j'ai passées avec vous.
J'attends avec impatience Noël pour vous revoir.
Gros bisous Léo

Monsieur et Madame But
Allée des fleurs
90150 Fontaine

LECTURE

DU 1er AU 30 NOVEMBRE
UNE VISITE AU CIRQUE
LE MATIN
ON S'ENTRAÎNE AVEC LES ARTISTES
LE MIDI
ON DÉJEUNE AVEC LES ARTISTES
L'APRÈS-MIDI
ON APPLAUDIT LES ARTISTES
LE CIRQUE BOUM BOUM

Une journée au cirque

le matin

midi

l'après-midi

le cirque

on applaudit

on s'entraîne

on déjeune

un cheval

un singe

un jongleur

un clown

un trapéziste

un funambule

une otarie

Donner du sens à la lecture

1 Écris les noms des artistes ou des animaux dans les étiquettes blanches page 22.

2 Coche les réponses qui conviennent.

Le matin :

- on s'amuse avec les artistes. ☐
- on s'entraîne avec les artistes. ☐
- on s'installe avec les artistes. ☐

Le midi :

- on débarrasse. ☐
- on déjeune. ☐
- on démarre. ☐
- on déménage. ☐

On applaudit les artistes :

- le matin. ☐
- le midi. ☐
- l'après-midi. ☐

Réfléchir

1 Observe bien l'affiche page 22 puis recopie les mots qui sont écrits avec les caractères les plus gros.

2 Coche les réponses qui conviennent.

Pourquoi ces mots sont-ils écrits en gros caractères ?
- Ils indiquent la date de l'événement. ☐
- Ils donnent l'adresse du cirque. ☐
- Ils annoncent ce qui va se passer. ☐

Où faut-il aller pour voir ce spectacle ?
- à l'école. ☐
- au Cirque d'Hiver. ☐
- au Cirque Boum Boum ☐
- au cinéma « Le Paris » ☐

3 À quoi servent les dessins sur l'affiche ? *(réponse orale)*

Une affiche

→ Dans une affiche, les mots les plus importants sont écrits en caractères de grande taille.

→ Il ne faut pas oublier d'indiquer ce qui va se passer, l'endroit et la date de l'événement.

S'entraîner

Voici l'illustration d'une publicité.
• Les inscriptions se sont mélangées. Replace-les sur l'affiche comme il convient.
• N'oublie pas de rechercher l'information principale et de l'écrire en gros caractères.

Le 14 juin

C'est la fête !

Place de la Mairie

À Rouen

CRITÈRES DE RÉUSSITE

Une publicité

Lorsqu'on réalise une publicité, il ne faut pas oublier d'indiquer :

① Le renseignement le plus important (en gros caractères)

③ La date (emplacement variable)

② Le lieu (emplacement variable)

L'illustration (en rapport avec l'événement)

ÉCRITURE

- Parmi ces événements, choisis celui que tu voudrais faire connaître aux autres classes de l'école :
  - la fête de l'école,
  - une exposition réalisée par des C.P.,
  - un spectacle.
- Réalise ta publicité sur la page 27.
  Indique l'endroit où aura lieu l'événement et la date.

GRILLE DE RELECTURE

	Évaluation		Co-évaluation	
	oui	non	oui	non
→ L'écriture est soignée.	☐	☐	☐	☐
→ Le dessin illustre bien l'événement choisi.	☐	☐	☐	☐
→ La présentation et l'illustration sont réussies.	☐	☐	☐	☐
→ Le renseignement le plus important est écrit en gros caractères.	☐	☐	☐	☐
→ La date de l'événement figure.	☐	☐	☐	☐
→ Le lieu est précisé.	☐	☐	☐	☐

RÉÉCRITURE

Si, avec l'aide de ton maître ou de ta maîtresse,
tu as coché une ou plusieurs cases « non »,
tu devras rectifier ta publicité
puis la recommencer sur une feuille.

Les bulles

Léo lit beaucoup de bandes dessinées.
Il aime bien ce que les personnages disent.

Comme Léo, tu vas apprendre à écrire le texte des bulles d'une bande dessinée.

Sais-tu reconnaître ce type de texte ?

Colorie, en jaune, toutes les bulles de bandes dessinées que tu vois.

1

2

La navette spatiale décolle.

3

4

– Pourquoi perds-tu ton temps, le chat ? tu sais bien que tu ne peux pas m'attraper !
– Rira bien qui rira le dernier !

5

En automne, par temps humide, les champignons poussent très vite.

6

7

LECTURE

PAPA, TU JOUES AUX CARTES ?
ATTENDS, JE LIS MON JOURNAL
MAMAN, TU ME RACONTES UNE HISTOIRE ?
ATTENDS, JE TÉLÉPHONE À GRAND-MÈRE.
ATTENDS... ATTENDS, IL FAUT TOUJOURS ATTENDRE !
LOLA, C'EST L'HEURE D'ALLER SE COUCHER.
ATTENDS, JE JOUE AVEC MON CHÂTEAU.

Ordre de lecture :

des vignettes

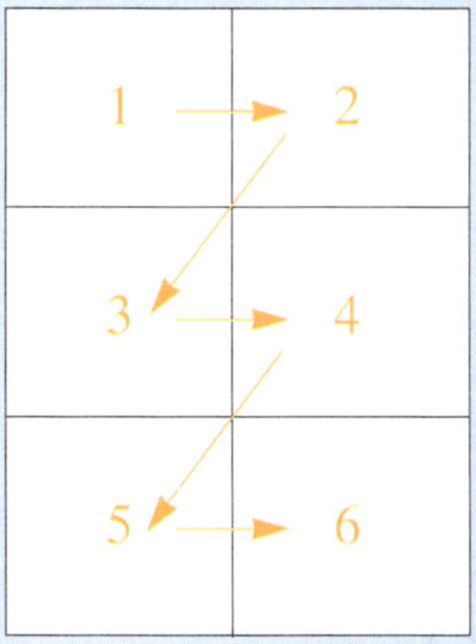

des bulles

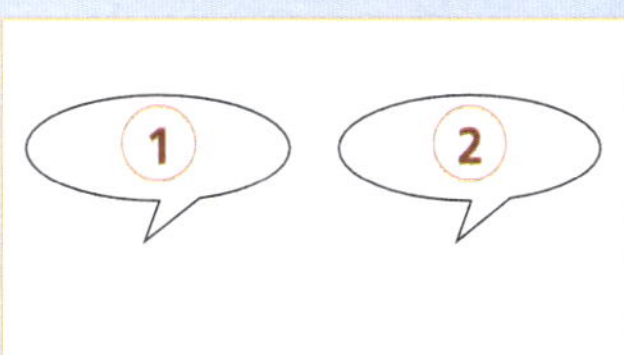

Réfléchir

1 Numérote les vignettes de 1 à 6.

2 Observe la vignette 6.

- Qui parle en premier ?

....

- Où est située cette bulle ?

....

- Qui répond ?

....

- Où est située cette bulle ?

....

LECTURE

À table !

DES OUTILS

Réfléchir

1 À table !

Indique quelle personne parle. Si elle ne parle pas, fais une croix.

nº 1 : ....

nº 2 : ....

nº 3 : ....

nº 4 : ....

2 Debout !

Seul le texte de la première bulle est écrit correctement.
Pour chacune des autres bulles, écris ce qui ne va pas.

nº 2 : ....

nº 3 : ....

nº 4 : ....

Debout !

1 2 3 4

Les bulles

- → La bulle est dirigée vers le visage de la personne qui parle.
- → Le texte ne doit pas dépasser des bulles.
- → Le texte est écrit de haut en bas et de gauche à droite.

S'entraîner

Pour chaque personnage, écris ce qu'il peut dire.

MAMAN A EMMENÉ RÉMI À LA PLAGE...
NON RÉMI ! JE NE VEUX PAS QUE TU TE MOUILLES, L'EAU EST TROP FROIDE.
RESTE ICI ! BOLDO !
OUAH OUAH !
PLOUF
BOLDO BOLDO VIENS ICI !
JE N'AI PAS LE DROIT DE ME BAIGNER ET JE SUIS TREMPÉ TOUT DE MÊME.
POURQUOI TU LE GRONDES PAS ? C'EST PAS JUSTE.

Réfléchir

1 Une phrase explique ce qui se passe. Dans quelle vignette se trouve-t-elle ?

2 • Comment reconnaît-on les phrases qui présentent une histoire ?

• Coche les réponses qui conviennent.

☐ Les phrases qui expliquent ne sont pas dans des bulles, mais dans des cadres sans flèches.

☐ Dans les phrases qui expliquent, on ne dit pas « je », on ne donne pas d'ordre.

☐ Dans les phrases qui présentent l'histoire, ce sont les personnages qui parlent.

3 • Dans la bande dessinée, quel est le mot qui exprime un son ?

• Comment ce mot est-il présenté ?

Les paroles

→ Dans les bulles, les personnages parlent : ils utilisent je, donnent des ordres, posent des questions…
→ Pour présenter l'histoire, on utilise des cadres qui ne comportent pas de flèches.
→ Les bruits sont exprimés dans des bulles sans flèches.

S'entraîner

Barre les bulles dans lesquelles le personnage ne parle pas.

CRITÈRES DE RÉUSSITE

Pour écrire le texte des bulles d'une bande dessinée, il faut :

- respecter l'ordre de lecture des vignettes et des bulles ;
- écrire le texte :
  - de haut en bas et de gauche à droite ;
  - à l'intérieur des bulles, sans dépasser ;
- faire parler les personnages.

ÉCRITURE

Certaines paroles de la bande dessinée ont été effacées.
Observe bien les dessins et complète les bulles vides.

GRILLE DE RELECTURE

	Évaluation oui	Évaluation non	Co-évaluation oui	Co-évaluation non
→ L'ordre de lecture des bulles est respecté.	☐	☐	☐	☐
→ L'écriture est soignée.	☐	☐	☐	☐
→ Le texte ne dépasse pas des bulles.	☐	☐	☐	☐
→ Le sens de lecture du texte est respecté.	☐	☐	☐	☐
→ Les personnages parlent.	☐	☐	☐	☐
→ Leurs paroles correspondent au dessin de la vignette.	☐	☐	☐	☐
→ Les phrases commencent par une majuscule.	☐	☐	☐	☐
→ Elles se terminent par un point (. ? !).	☐	☐	☐	☐

RÉÉCRITURE

Si, avec l'aide de ton maître ou de ta maîtresse,
tu as coché une ou plusieurs cases « non »,
tu devras corriger le texte de tes bulles, puis le réécrire.

Des cartes postales

Léa a reçu une carte postale de son amie.

Mardi 15 mars

Chère Léa,
Je suis à la montagne et je fais du ski. Je m'amuse bien.
Vendredi, je vais passer mon premier flocon.
Je t'embrasse. Iris

Mademoiselle
Léa Baravion
24 rue des Fleurs
48230 Chanac

Comme Léa, tu vas apprendre à écrire une carte postale.

Sais-tu reconnaître ce type de texte ?

Colorie le numéro qui indique qu'il s'agit d'une carte postale.

1

Mercredi 23 mai

Cher Vincent
Je t'invite à mon anniversaire le samedi 26 mai. Maman préparera une tarte aux fraises et nous serons 8 enfants.
Julien

Vincent Lamary
19 rue Parisy
53000 Laval

2

- un ours en peluche
- une dînette
- une poupée
- une poussette
- une corde à sauter
- des billes

Jeudi 31 mars

Chers amis,
Nous serons bientôt de passage
dans votre ville et nous viendrons
vous voir. Merci de nous écrire
pour nous indiquer si vous serez
chez vous le 15 avril.
Grosses bises Catherine

Monsieur et Madame Déprit
26 rue des Mets
77210 AVON

3

OÙ ALLONS-NOUS
AUJOURD'HUI ?

4

DOCTEUR ERWAN LAPIN
4 SQUARE DES CHATS
75012 PARIS
Consultations :
du lundi au vendredi
du 1[illegible] heures à 1[illegible] heures

1er Mars

1) Deux cuillerées à café
de sirop
2) Trois pastilles pour la
gorge
3) Pulvérisations nasales :
trois fois par jour.

E. Lapin

5

Vendredi 8 février

6

Cher papa
Je te souhaite un bon
anniversaire.
J'espère que tu ne t'ennuies
pas de moi pendant ton
séjour en Espagne et
que tu vas revenir
bientôt.
Un gros bisou à mon
papa chéri.
Noémie

Tinou !

Dans la famille, Tinou est reconnu pour être le plus coquin.
Et pourtant, Tinou n'a que trois ans !
« Où es-tu, Tinou ? » demande maman toutes les cinq minutes. Car ce bébé ne tient pas en place. Il grimpe partout, il court dans tous les sens.

7

8

Des cartes postales

LECTURE

Lundi 3 août

Chère mamie,

Il fait très beau et je me baigne tous les jours. Je nage comme un poisson.

Ce matin, j'ai fait un grand château de sable avec papa.

J'espère que tu vas bien.

Je t'embrasse.

Stéphane

Madame Dupuis
8, rue des Pins

74000 Annecy

POUR T'AIDER

un château

du sable

embrasser

nager

se baigner

un poisson

Donner du sens à la lecture

1 À quelle date cette carte postale a-t-elle été écrite ?

2 Qui l'a écrite ?

3 Qui l'a reçue ?

4 Recopie l'adresse.

Réfléchir

1 Recopie la formule qui commence la carte.

2 Quelle formule aurait utilisé Stéphane s'il avait écrit à son papi ?

3 Quelle formule aurait-il écrit à sa maîtresse ?

4 À la fin de la carte, comment Stéphane a-t-il écrit son prénom ?

Les formules

→ **Pour commencer :**
- Cher… (papa, ami, monsieur, Stéphane…)
- Chère… (maman, mamie, madame, Amélie…)
- Chers… (parents, cousins, enfants, amis…)
- Chères… (amies, Amélie et Sonia…)

→ **Pour terminer :**
- Bons baisers
- Je t'embrasse
- Gros bisous
- Amitiés
- Grosses bises

Il ne faut pas oublier de signer la carte postale.

Des cartes postales

LECTURE

Samedi 23 avril

Chère maîtresse
Je vous envoie un grand bonjour du Maroc où il fait très beau. Je me baigne tous les jours.
À bientôt,

Michaël Delepont.

Madame Rallo
maîtresse du CP
École Georges Brassens
52160 Auberive
France

DES OUTILS

Donner du sens à la lecture

1 Qui a écrit la carte postale ?

2 À quelle date a-t-elle été écrite ?

3 Dans quel pays se trouve celui qui écrit ?

Réfléchir

1 Pourquoi Michaël a-t-il écrit cette carte postale ? Souligne la réponse.
- Pour souhaiter un bon anniversaire.
- Pour inviter quelqu'un.
- Pour faire plaisir à quelqu'un.

2 Quels détails sont donnés dans le texte de la carte postale ? Souligne-les.
- Il fait très beau.
- On mange bien.
- Le pays visité est le Maroc.
- Michaël s'ennuie.
- Il se baigne tous les jours.

On écrit une carte postale dans le but :
- → de raconter ce que l'on fait ;
- → de souhaiter un bon anniversaire ou une fête ;
- → d'inviter quelqu'un ;
- → de faire plaisir à quelqu'un.

S'entraîner

Complète les tableaux.

Lorsque tu écris à :	tu commences par :
ton grand-père	
ton amie Vanessa	
ta maîtresse	
tes parents	
ton ami Pierre	
ton maître	

Lorsque tu écris à :	tu termines par :
ton grand-père	
ton amie Vanessa	
ta maîtresse	
tes parents	
ton ami Pierre	
ton maître	

Quelle est ta signature ?

CRITÈRES DE RÉUSSITE

La silhouette d'une carte postale

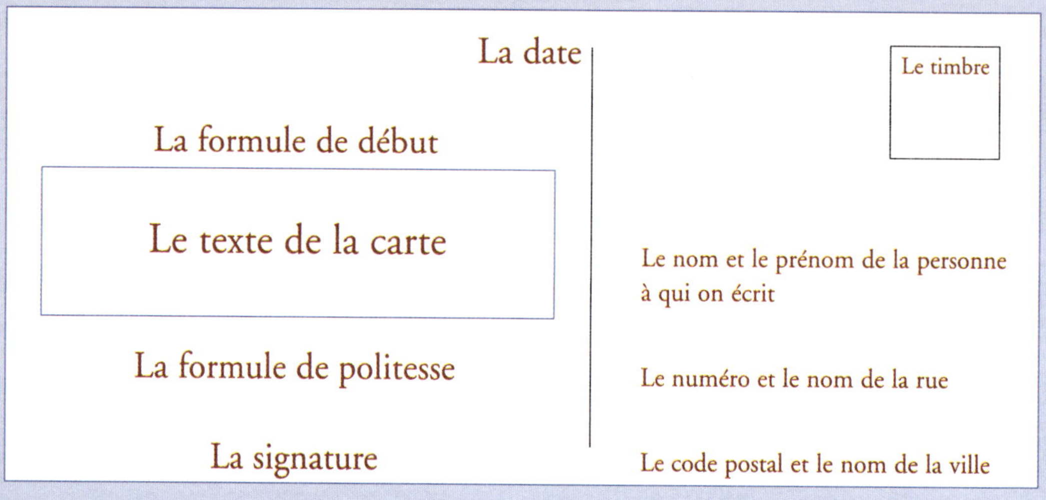

ÉCRITURE

- Imagine que tu es en vacances.
- Écris à une personne que tu aimes bien.
- N'oublie pas d'écrire un titre (Cher…) et une formule affectueuse ou amicale pour terminer.
- Pense à signer.

GRILLE DE RELECTURE

	Évaluation		Co-évaluation	
	oui	non	oui	non
→ L'écriture est soignée.	☐	☐	☐	☐
→ Il y a une formule de début (Cher, Chère).	☐	☐	☐	☐
→ Une formule amicale ou affectueuse termine la carte postale.	☐	☐	☐	☐
→ La signature se trouve au bas de la carte.	☐	☐	☐	☐
→ Les phrases commencent par une majuscule.	☐	☐	☐	☐
→ Elles se terminent par un point.	☐	☐	☐	☐

RÉÉCRITURE

Si, avec l'aide de ton maître ou de ta maîtresse,
tu as coché une ou plusieurs cases « non »,
tu devras corriger ta carte postale,
puis la réécrire ci-dessous.

Des poésies

Robert Desnos, *Chantefables et Chantefleurs, Contes et Fables de toujours,*

À l'école, Léo a appris une poésie :

La fourmi

Une fourmi de dix-huit mètres
Avec un chapeau sur la tête,
Ça n'existe pas, ça n'existe pas.
Une fourmi traînant un char
Plein de pingouins et de canards,
Ça n'existe pas, ça n'existe pas.
Une fourmi parlant français,
Parlant latin et javanais,
Ça n'existe pas, ça n'existe pas.
Et ! Pourquoi pas ?

Comme Léo, tu vas apprendre à écrire des poésies.

Sais-tu reconnaître ce type de texte ?

Colorie le numéro qui indique qu'il s'agit d'une poésie.

1

- trois oranges
- deux pommes
- une salade
- un kilo de carottes
- un kilo d'épinards
- trois steacks
- un poulet

2

Le rêve du canard

Dans une mare
Vit un canard.
Le froid, le vent,
Il s'en défend.
Le rêve de ce canard-là,
Vous ne me croirez pas,
C'est de manger,
Pour son déjeuner,
Un petit pain au chocolat.

3

Dimanche 8 octobre,

Chère Clara,

Je te souhaite un bon anniversaire, à l'occasion de tes 7 ans.
J'espère que tu vas avoir de beaux cadeaux et que ta maman te fera un gros gâteau comme tu les aimes.
Je t'embrasse bien fort,

Tatie

4

Houlà !
Tu vas tomber,
si tu montes en haut
de cet arbre !

5

La princesse affreuse

Il était une fois, une princesse qui était si laide qu'aucun prince ne voulait l'épouser.
Son père, qui voulait absolument la marier, envoya tous ses serviteurs aux quatre coins du royaume pour offrir une récompense au prince qui voudrait bien l'épouser. Mais personne ne se présentait au roi !
Un jour, un tout petit homme frappa à la porte du château du roi et demanda à voir la princesse.
Elle était si heureuse qu'elle sourit et que son visage devint agréable à regarder.
Le petit homme épousa la princesse, ils vécurent très heureux ensemble.

6

Chère Mélanie
Je suis en Bretagne. Il ne pleut pas du tout. Je fais de grandes promenades. Les voisins ont un petit garçon et je m'amuse bim avec lui.
Johan

Mélanie Menou
33 rue de Nice
06630 La turbie

7

La Méditerranée

Toute bleue sous le ciel bleu,
Bien grise quand il pleut.
Orange sous le soleil,
Pêche au réveil.
Elle est si belle, la Méditerranée,
Qu'on a envie de s'y baigner.

LECTURE

Quand le e a deux L,
C'est que
La vie est belle.

Quand le e a deux T,
C'est que
La pomme est blette.

Quand le e a deux M,
C'est que
J'ai un coup d'flemme.

Quand le e a deux S,
C'est que
J'ai mal aux fesses.

L'Abécédaire loufoque, Philippe Cayeux,
Tire-lire poche, Magnard.

Donner du sens à la lecture

1 Complète chaque phrase selon le modèle.

Avec un e et deux l, on peut écrire : *elle*

Avec un e et deux t, on peut écrire : ______________________

Avec un e et deux s, on peut écrire : ______________________

Avec un e et deux n, on peut écrire : ______________________

2 Écris un mot qui se termine par :

- elle : ______________________
- esse : ______________________
- ette : ______________________
- enne : ______________________

Réfléchir

1 Les lignes regroupées forment une strophe. Combien de strophes y a-t-il dans ce poème ?

____

2 Combien y a-t-il de lignes par strophe ?

____

3 Ont-elles toutes la même longueur ?

oui ☐ non ☐

4 Où sont placées les majuscules ?

____

____

____

5 Recopie les mots que l'on retrouve plusieurs fois dans le poème.

____

____

____

Un poème

→ Chaque ligne d'un poème est appelée un vers.
→ Des vers regroupés forment une strophe.
→ Très souvent, un vers commence par une majuscule.

Le robot

Je suis le robot
Charlot.
Tout automatique,
C'est pratique.
On abaisse une manette,
Je fais la pirouette.
On tourne une clé,
Je vais de côté.
On appuie sur un bouton,
Je marche en rond.
Je sais faire presque tout,
Sauf des bisous !

101 poésies et comptines,
Corinne Albaut,
Bayard Éditions.

Réfléchir

Complète le tableau.

Mot donné	Écris le mot qui se termine par le même son.	Indique où est placé ce mot : début, milieu ou fin d'un vers ?
robot	....	....
automatique	....	....
manette	....	....
clé	....	....
bouton	....	....
tout	....	....

Les rimes

→ Deux mots qui se terminent par ***le même son*** riment entre eux.
Exemple : robot rime avec Charlot.
→ ***Les rimes*** se trouvent à la fin de deux vers qui se suivent.
Souvent, dans un poème, les vers riment deux à deux.

S'entraîner

En utilisant les mots proposés, continue le poème de la page 48.

une galette

une indienne

une hirondelle

une étincelle

un renne

une baguette

une sauterelle

une trompette

Quand le e a deux R
C'est que
J'ai les pieds sur terre.

Quand le e a deux T
C'est que

Quand le e a deux N
C'est que

Quand le e a deux L
C'est que

CRITÈRES DE RÉUSSITE

Pour réussir un poème, il faut :

→ écrire des vers ;
→ les regrouper en strophes ;
→ présenter agréablement la poésie.

On peut aussi :

→ faire rimer les vers deux à deux ;
→ commencer chaque vers par une majuscule.

ÉCRITURE

En suivant le modèle du poème **Le robot**, page 50, écris une poésie.
Fais rimer les vers deux à deux.
Tu peux choisir parmi ces titres :
– La poupée
– L'ours en peluche
– Le pantin
– Le tamagotchi

GRILLE DE RELECTURE

	Évaluation oui	Évaluation non	Co-évaluation oui	Co-évaluation non
→ L'écriture est soignée.	□	□	□	□
→ Le poème est agréablement présenté.	□	□	□	□
→ Des majuscules sont mises au début de chaque ligne.	□	□	□	□
→ Les vers riment deux à deux.	□	□	□	□

RÉÉCRITURE

Si, avec l'aide de ton maître ou de ta maîtresse,
tu as coché une ou plusieurs cases « non »,
tu devras corriger ta poésie et la réécrire ci-dessous.

Des recettes

À l'école, Léo a lu une recette et il a réalisé un bon goûter :

Les tartines de chocolat

Ce qu'il faut utiliser :
- une tranche de pain de mie
- une noix de beurre
- quatre carrés de chocolat noir

Ce qu'il faut faire :
1. beurrer la tranche de pain.
2. râper le chocolat sur le beurre.
3. déguster sans tarder.

Comme Léo, tu vas apprendre à écrire des recettes.

Sais-tu reconnaître ce type de texte ?

Colorie le numéro qui indique qu'il s'agit d'une recette de cuisine.

1

Georges Seurat, *Coin d'un bassin, Honfleur*, 1886.

Lundi 25 Novembre,
chère Cathy,
Tu vois, j'ai pensé à te souhaiter ta fête !
Bonne fête, petite Catherine !
Nous te faisons un gros bisou,
Papi et Mamie

Post-Impressionnistes - Bookking International

Cathy Nimat
20, rue de la Colline
54560 Taron

2

La pâte à tarte

- 200 g de farine
- 100 g de beurre
- 1 pincée de sel
- 1/2 verre d'eau

1. Mélanger la farine, le sel et le beurre avec les doigts.
2. Ajouter l'eau.
3. Malaxer rapidement.
4. Laisser reposer une heure avant d'étaler la pâte.

3

Le taboulé

Ingrédients :

– 1 bol de semoule pour couscous
– 2 citrons
– 4 tomates
– 1 concombre
– 1 oignon
– 1/4 de bol d'huile
– du sel

Comment faire ?

1. Couper les tomates et les concombres en petits dés.
2. Hacher l'oignon.
3. Mettre le tout dans un saladier, avec la semoule de couscous.
4. Ajouter le citron, l'huile et le sel.
5. Bien mélanger.
6. Laisser gonfler pendant 4 heures au moins, dans le réfrigérateur.

4

À la mer

Aujourd'hui, il fait un très beau temps et papa emmène toute la famille à la plage. Maman a préparé le pique-nique et l'a mis dans la glacière.
Teddy, lui, s'occupe des jeux : il prend son ballon pour jouer dans l'eau, sa pelle et son seau pour faire un grand château.
Et en route pour la mer !

5

Le gâteau au yaourt

Ingrédients :

– 1 yaourt
– 3 pots de farine
– 1 pot d'huile
– 1 pot de sucre
– 1 sachet de levure

Comment faire ?

1. Mélanger la levure et la farine.
2. Ajouter le sucre.
3. Verser le yaourt et l'huile.
4. Bien mélanger le tout.
5. Verser le mélange dans un moule.
6. Mettre au four, thermostat 6, pendant 45 minutes.

6

Bonjour,
mon prénom est
Clarisse. Et toi, comment
t'appelles-tu ?

7

Papa,
J'ai oublié mes clés à l'école, alors je suis allé jouer chez la voisine.
Dès que tu rentreras, sonne chez elle pour que je puisse rentrer.
Guillaume

LECTURE

Un gâteau aux poires

Ingrédients :

– 3 œufs
– 4 poires
– 1 demi verre de sucre
– 1 verre et demi de farine
– 7 noisettes de beurre
– 3 cuillerées à soupe de lait
– un demi-sachet de levure

Comment faire le gâteau ?

– Mélanger la farine, le sucre et la levure.
– Ajouter les œufs, le lait, le beurre fondu.
– Éplucher les poires, les couper en petits morceaux.
– Disposer les poires dans un moule beurré.
– Verser le mélange sur les poires.
– Faire cuire à four chaud 30 minutes.

1 œuf

1 poire

du beurre

1 noisette de beurre

1 verre

½ verre

½ sachet de levure

du sucre

1 cuillerée à soupe

un moule

du lait

de la farine

Réfléchir

1 Quel plat veut-on réaliser ?

2 Qu'est-ce qui l'indique ?

3 À quoi sert la liste qui se trouve au début de la recette ?

4 Recopie les mots qui indiquent des actions à effectuer.
(Ce sont des verbes).

Une recette

→ D'abord, on écrit en titre le nom du plat.
→ Ensuite, on dresse la liste des ingrédients nécessaires à la réalisation du plat.
→ Enfin, on écrit les actions à effectuer.

LECTURE

Les crêpes

Ingrédients :
– 250 g de farine
– 1/2 litre de lait
– 2 œufs
– 1 cuillerée d'huile
– 1 pincée de sel

Comment faire ?
– Mettre la farine et les œufs cassés dans un saladier.
– Ajouter l'huile, le sel et un peu de lait.
– Mélanger pour obtenir une pâte.
– Ajouter le lait peu à peu.
– Laisser reposer 1 heure.
– Faire chauffer la poêle ; la frotter avec du coton imbibé d'huile.
– Verser une louche de pâte à crêpes dans la poêle.
– Retourner la crêpe dès qu'elle se détache de la poêle.

Réfléchir

1 Numérote les opérations à effectuer, dans l'ordre de leur réalisation.

- ☐ Retourner la crêpe dès qu'elle se détache de la poêle.
- ☐ Ajouter le lait peu à peu.
- ☐ Faire chauffer la poêle, la frotter avec du coton imbibé d'huile.
- ☐ Ajouter l'huile, le sel et un peu de lait.
- ☐ Verser une louche de pâte à crêpes dans la poêle.
- ☐ Laisser reposer 1 heure.
- ☐ Mélanger pour obtenir une pâte.
- ☐ Mettre la farine et les œufs cassés dans un saladier.

2 Pourquoi ne peut-on pas changer l'ordre des actions à effectuer ?
(Réponse orale)

L'ordre des actions

→ Les opérations à effectuer doivent être écrites dans l'ordre de leur réalisation.

S'entraîner

Rétablis l'ordre des opérations nécessaires.

Pour manger une pomme, il faut :
la croquer ; l'éplucher ; la laver.

1
2
3

Pour préparer une tartine, il faut :
étaler le beurre sur le pain ;
couper le pain ; saupoudrer de chocolat râpé.

1
2
3

Pour préparer un bol de chocolat, il faut :
mettre du chocolat en poudre au fond du bol ;
verser le lait chaud sur le chocolat ;
faire chauffer le lait ; mélanger avec une cuillère.

1
2
3
4

CRITÈRES DE RÉUSSITE

La silhouette d'une recette

Titre

Ingrédients

–

–

–

Comment faire ?

1.

2.

3.

ÉCRITURE

Ces dessins te montrent comment réaliser une tarte aux pommes.
Écris cette recette.
N'oublie pas le titre et la liste des ingrédients.
Voici deux aides pour écrire :

1 

Étaler la pâte

2 

Piquer la pâte

3 

4 

5 

6 

Four : 45 minutes

GRILLE DE RELECTURE

	Évaluation oui	Évaluation non	Co-évaluation oui	Co-évaluation non
• L'écriture est soignée.	☐	☐	☐	☐
• Un titre est mis.	☐	☐	☐	☐
• La liste des ingrédients figure.	☐	☐	☐	☐
• Toutes les opérations à réaliser sont indiquées.	☐	☐	☐	☐
• Elles sont écrites dans l'ordre de fabrication du gâteau.	☐	☐	☐	☐
• Elles permettent de faire une tarte aux pommes.	☐	☐	☐	☐

RÉÉCRITURE

Si, avec l'aide de ton maître ou de ta maîtresse,
tu as coché une ou plusieurs cases « non »,
tu devras corriger ta recette, puis la réécrire.

La fin

Léa a inventé une nouvelle fin pour l'histoire du petit Poucet :

L'ogre fit asseoir dans la cuisine le petit Poucet et ses sept frères. Puis il mit à chauffer une grande bassine d'eau. Il éplucha les légumes et les jeta dans l'eau. Le petit Poucet se rendit compte que l'ogre préparait un bouillon pour les faire cuire, lui et ses frères.
Alors, il fit un signe à ses frères et tous se sauvèrent par la fenêtre.
L'ogre ne put jamais les rattraper. Ils furent recueillis par la voisine de l'ogre qui les adopta et les protégea. Ils vécurent très heureux avec elle.

Comme Léa, tu vas apprendre à écrire la fin d'un récit.

Sais-tu reconnaître la fin d'un récit ou d'une histoire ?

Colorie le numéro qui indique qu'il s'agit de la fin d'un récit.

1

Mardi 18 avril

Chère Mamie
J'espère que tu es sortie de l'hôpital et que tu n'as plus mal aux jambes. Nous viendrons te voir la semaine prochaine. Je te fais des gros bisous. Maëlle

Madame Lanet
23 avenue des Pins
40200 Mimizan

2

À la fête foraine
Qui a de jolies couettes ?
C'est Juliette.
Qui a gagné un ballon ?
C'est Léon.
Qui a attrapé des anneaux ?
C'est Arnaud.
Qui a envie d'un lapin ?
C'est Martin.
Qui veut une glace au chocolat ?
C'est Irma.

Renald, le gentil renardeau

Depuis ce jour, à Renardville, on ne se moqua plus jamais de Renald, le petit renard qui ne mangeait pas les poules.

Bien au contraire ! Dès que Renald arrivait chez le boulanger, tout le monde le laissait passer, l'entourait de mille prévenances et lui disait un mot gentil.

D'ailleurs, les renards perdirent l'habitude d'attaquer les poules et se mirent à manger ce qu'ils trouvaient dans les poubelles des hommes, près de leurs maisons.

Les poules et les renards devinrent bons amis et Renald vécut désormais heureux à Renardville.

3

4

Alors, Véronica, tu te dépêches ? Nous allons rater le car !

5

Tanou la timide

Et c'est ainsi que la maîtresse comprit que Tanou, la petite fille qui ne parlait jamais, mourait d'envie de lui raconter plein de belles histoires, mais qu'elle avait trop honte de sa grosse voix !

Alors, un jour que Tanou était absente, elle expliqua aux enfants de la classe ce qu'elle avait compris.

Aussitôt, tous les élèves, qui aimaient bien Tanou, décidèrent de ne jamais se moquer d'elle et de la défendre.

Depuis ce jour, Tanou devint une grande bavarde et une merveilleuse amie pour tous.

6

La mousse au chocolat

Ingrédients :

- 6 œufs
- 6 barres de chocolat
- 6 cuillerées de sucre en poudre.

Comment faire ?

1. Faire fondre le chocolat dans une casserole avec deux cuillerées d'eau.
2. Casser les œufs et séparer les blancs des jaunes.
3. Mélanger le chocolat fondu, les jaunes d'œufs et le sucre.
4. Battre les blancs d'œufs en neige.
5. Mélanger délicatement les blancs en neige et le mélange chocolat, sucre et œufs.
6. Mettre au réfrégirateur 4 heures au moins avant de déguster la mousse.

LECTURE

Hiawatha, le petit indien

KLH SP 27-4-41

Donner du sens à la lecture

1 Coche les réponses qui conviennent.

Hiawatha est le nom :
- du cheval. ☐
- de la rivière. ☐
- du petit Indien. ☐

Pourquoi ?
- Il a peur. ☐
- Il a faim. ☐
- Il a froid. ☐

Le cheval veut-il traverser la rivière ?

oui ☐ non ☐

2 Parmi ces phrases, entoure celle qui raconte la bande dessinée que tu viens de lire :

- Le cheval du petit Indien va boire de l'eau dans la rivière.
- Hiawatha est un petit Indien qui aime bien se baigner dans la rivière.
- Hiawatha veut traverser la rivière, mais son cheval refuse de le suivre parce qu'il a peur de l'eau.
- Le cheval de Hiawatha a mal aux pattes de derrière.

Réfléchir

3 Cette histoire est-elle terminée ? oui ☐ non ☐

4 Recopie la phrase de la bande dessinée qui l'indique.

La fin d'une histoire

→ Lorsqu'une histoire se termine par une question, elle n'est pas terminée.

→ À la fin d'une histoire, on ne doit pas se demander : « Qu'est-ce qui va se passer ensuite ? ».

LECTURE

Hiawatha, le petit indien

DES OUTILS

Réfléchir

1 Quels étaient les ennuis de Hiawatha au début de l'histoire ?

2 A-t-il trouvé une solution ?
oui ☐ non ☐

3 Quelle est cette solution ?

4 Écris le nom des personnages du début de l'histoire.

5 Y a-t-il de nouveaux personnages à la fin de l'histoire ?
oui ☐ non ☐

6 Pourquoi ?

Terminer une histoire

→ Les problèmes qui se posaient au début d'une histoire doivent trouver une solution.

→ À la fin d'une histoire, on doit garder les mêmes personnages qu'au début et ne pas en introduire de nouveaux.

Au supermarché

« Sylvain, va acheter un paquet de riz, s'il te plaît », demande maman. Le petit garçon, qui adore faire des courses pour sa mère, part en courant et arrive au supermarché. Il prend un chariot car, ce qu'il préfère, c'est foncer à toute vitesse parmi les rayons, comme s'il conduisait une voiture de course.
Tout à coup, Sylvain heurte le rayon des bonbons avec son chariot : patatras ! voilà tous les paquets par terre !

S'entraîner

- Voici plusieurs propositions pour terminer cette histoire.
- Colorie celle qui te paraît la meilleure.

Alors, Sylvain ramasse vite sa pelle et son seau et il retourne chez lui.

Emilie prend un paquet de riz, le met dans son chariot, paie à la caisse et rentre chez elle.

Alors, Sylvain ramasse les paquets, les range à leur place, prend son paquet de riz et va sagement prendre son tour à la caisse : il ne jouera plus jamais avec les chariots du supermarché.

Une vendeuse arrive et se met à crier : « Vilain petit garçon ! Tu vas voir ! »

CRITÈRES DE RÉUSSITE

Pour écrire la fin d'un récit, il faut :

→ trouver une solution au problème qui se posait au début, de manière à ce qu'on ne puisse pas se demander : « Que va-t-il se passer ensuite ? » ;

→ garder les mêmes personnages qu'au début et ne pas en introduire de nouveaux.

ÉCRITURE

1 Observe bien cette bande dessinée.

- Que va-t-il se passer ?
- Que va faire Junior ?

2 Écris la fin de cette histoire.

GRILLE DE RELECTURE

	Évaluation oui	Évaluation non	Co-évaluation oui	Co-évaluation non
→ Les personnages sont les mêmes qu'au début.	☐	☐	☐	☐
→ La fin du récit est compréhensible.	☐	☐	☐	☐
→ Elle termine l'histoire complètement. (On ne se demande plus : « Que va-t-il se passer ? »).	☐	☐	☐	☐
→ Les phrases :				
– elles commencent par une majuscule ;	☐	☐	☐	☐
– elles se terminent par un point.	☐	☐	☐	☐
→ L'écriture est soignée.	☐	☐	☐	☐
→ Il y a des majuscules aux noms propres.	☐	☐	☐	☐

RÉÉCRITURE

Si, avec l'aide de ton maître ou de ta maîtresse,
tu as coché une ou plusieurs cases « non »,
tu devras corriger ton histoire, puis la réécrire.

Les règles

À l'école, Léo a fait un jeu, en suivant bien la règle.

Chat-statue

Nombre de joueurs :
de 10 à 25 ; un chat pour 10 souris, environ.

Matériel : aucun.

But du jeu : le chat doit immobiliser tous les joueurs.

Règle du jeu :
Un chat est désigné. Les autres joueurs sont les souris et courent sur le terrain.
Dès que le chat touche une souris, celle-ci se transforme en statue et ne doit plus bouger.
Pour pouvoir jouer à nouveau, une statue doit être touchée par une souris qui n'est pas une statue.
Le jeu s'arrête lorsque le chat a immobilisé toutes les souris.

Comme Léo, tu vas apprendre à écrire une règle du jeu.

Sais-tu reconnaître ce type de texte ?

Parmi ces documents, colorie les numéros qui correspondent à des règles du jeu.

1

La belle et le crapaud

Le vilain crapaud avala la bague en or et il se transforma en prince charmant. La jeune fille, surprise, tomba amoureuse du prince et ils se marièrent. Le jour du mariage, le prince charmant offrit à sa femme la bague avalée par le crapaud. Ils vécurent très heureux tous les deux et eurent beaucoup d'enfants.

2

- Blanche-neige
- Cendrillon
- La Belle au bois dormant
- La princesse au petit pois
- Barbe Bleue
- Le prince charmant

du jeu

Sur les toits

Sur le toit, on voit
un roi.

Près de la plage, nage
un mage.

À la piscine, devine,
Colombine.

Dans les prés, abandonné,
André.

3

– 12 foulards
– 1 ballon
– 1 corde à sauter
– 1 sifflet

4

7

La tomate

Nombre de joueurs : 20 à 30.

Matériel : un ballon.

But du jeu : empêcher le ballon de sortir du cercle.

Règle du jeu :
Les joueurs forment un cercle. Ils écartent les jambes de manière à ce que leurs pieds se touchent. Ils doivent se lancer le ballon avec les mains jointes, le ballon devant rouler sur le sol. Si le ballon sort du cercle en passant entre les jambes d'un joueur, celui-ci se retourne, le dos tourné au jeu. Le jeu se termine lorsqu'il ne reste plus que deux joueurs tournés vers le jeu.

La pince à linge

Nombre de joueurs : de 2 à 20.

Matériel : une pince à linge par joueur.

But du jeu : prendre la pince à linge de son adversaire.

Règle du jeu :
Les joueurs sont deux par deux.
Chacun accroche une pince à linge à une de ses chaussettes. Chaque joueur doit essayer de prendre la pince à linge de son adversaire. Un joueur qui a perdu sa pince à linge est éliminé.
Le joueur qui a gagné la pince à linge de son adversaire combat contre un autre gagnant, et ainsi de suite. Le joueur qui a pris le plus de pinces à linge a gagné.

5

6

La charlotte au chocolat

Ingrédients :
– une boîte de biscuits ;
– un jus d'orange ;
– une mousse au chocolat.

Comment faire ?
1. Verser le jus d'orange dans une assiette creuse.
2. Tremper rapidement les biscuits, un par un, dans le jus d'orange.
3. Tapisser un moule à charlotte avec les biscuits, de manière à ce qu'on ne voit plus le fond ni les parois du moule.
4. Verser la mousse au chocolat au milieu.
5. Recouvrir la mousse avec des biscuits humectés de jus d'orange.
6. Fermer le moule.
7. Mettre au réfrigérateur pendant 4 heures.
8. Retourner la charlotte sur un plat et servez très frais.

LECTURE

La course des crabes

Nombre de joueurs : 4 équipes de 6 joueurs.

Matériel : 4 chaises.

But du jeu : l'équipe qui a terminé
la première a gagné.

Règle du jeu :
Les joueurs se déplacent en se tenant
les chevilles.
Le joueur 1 démarre, tourne autour de la
chaise puis il revient et touche le joueur 2.
Il va ensuite se placer derrière le joueur 6.

Les joueurs

L'équipe des bleus

L'équipe des rouges

L'équipe des jaunes

L'équipe des verts

Le matériel

Les chaises

Les dossards

Réfléchir

1 Quel est le nom du jeu ?

2 Combien de personnes peuvent jouer au minimum ?

3 Quels sont les objets nécessaires pour jouer à ce jeu ?

4 Comment appelle-t-on l'ensemble de ces objets ?

5 Que faut-il faire pour gagner ? (Quel est le but du jeu ?)

Les renseignements indispensables

Avant d'écrire une règle du jeu, il est indispensable d'indiquer :

→ le nom du jeu (le titre) ;
→ le nombre de joueurs ;
→ le matériel nécessaire ;
→ le but du jeu (ce qu'il faut faire pour gagner).

LECTURE

Le roi du silence

Nombre de joueurs : au moins 10.

Matériel : un foulard pour le roi, une clochette pour chacun des autres joueurs, une craie pour tracer le royaume.

But du jeu : chaque joueur muni d'une clochette doit atteindre le royaume sans se faire entendre.

Règle du jeu :
Le roi est assis au milieu d'un cercle qui délimite son royaume. Il a les yeux bandés.
Les autres joueurs ont une clochette attachée à la cheville. Ils sont à l'extérieur d'un grand cercle.
Ils doivent se déplacer un à un en silence : donc, ils se regardent et se font des signes pour décider qui va avancer vers le royaume.
Dès que le roi entend un son, il montre du doigt la direction du son entendu. Si son doigt désigne un joueur, celui-ci retourne derrière la ligne de départ.
Le gagnant est celui qui atteint, le premier, le royaume.

Donner du sens à la lecture

1 Combien de cercles sont tracés au sol ? ....

2 Qui se trouve au milieu du petit cercle ? ....

3 Donne à chacun le matériel qu'il doit utiliser en reliant comme il convient.

	● un sifflet
Le roi ●	● un foulard
Les autres joueurs ●	● une clochette
	● une chaise

4 Que doivent faire les joueurs pour gagner ?

Réfléchir

1 Où se trouve le roi ?

2 Où se trouvent les autres joueurs ?

3 Que doivent faire les joueurs pour arriver jusqu'au royaume ?

4 Qu'est-il interdit de faire ?

5 À quoi sert le dessin ?

La règle

→ La règle du jeu indique l'emplacement que doit avoir chaque joueur au début du jeu.

→ Elle explique ensuite, dans l'ordre, les actions à accomplir pour gagner.

→ Dans la règle, on explique aussi ce qui est permis ou interdit.

→ Un schéma permet de mieux comprendre la position des joueurs ; des flèches indiquent le mouvement d'un joueur ou d'un ballon.

LECTURE

La mare aux crocodiles

Nombre de joueurs : plusieurs équipes de deux.

Matériel : un cerceau pour deux joueurs.

But du jeu : forcer son adversaire à pénétrer dans le cerceau.

Règle du jeu :
Les deux joueurs se tiennent de part et d'autre du cerceau qui représente la mare aux crocodiles. Ils doivent se tenir par les épaules, se pousser ou se tirer pour que leur adversaire pénètre dans le cerceau. Dès qu'un joueur a mis un pied dans le cerceau, il est mangé par les crocodiles : il est donc éliminé. Le gagnant de l'équipe se mesure alors avec le gagnant d'une autre équipe. Le jeu se termine lorsqu'il ne reste plus qu'un seul joueur.

DES OUTILS

Réfléchir

À quel moment se termine le jeu ? Coche comme il convient.

- ☐ lorsque les deux joueurs d'une équipe sont dans le cerceau.
- ☐ lorsqu'un des deux joueurs d'une équipe a mis un pied dans le cerceau.
- ☐ lorsqu'il ne reste plus qu'un seul joueur, qui a éliminé tous les autres.
- ☐ lorsque tous les joueurs sont éliminés.

La fin du jeu
→ Il faut indiquer à quel moment le jeu se termine définitivement.

S'entraîner

- Observe le jeu en bas de la page.
- Complète comme il convient.

Nom du jeu :

Nombre de joueurs :

Matériel :

But du jeu :

Dessin de la règle du jeu le slalom :

Attention :
Le joueur qui renverse une quille doit s'arrêter, pour la remettre en place.

CRITÈRES DE RÉUSSITE

La silhouette d'une règle du jeu

Nom du jeu

Nombre de joueurs :
Matériel :
But du jeu :
Règle du jeu :

Indiquer à quel moment le jeu se termine.

ÉCRITURE

Ballon prisonnier

- Demande à ton maître ou ta maîtresse de t'apprendre à jouer au ballon prisonnier.
- Écris la règle de ce jeu.
- Trace sur le dessin de la page 79, le trajet du joueur de l'équipe rouge qui vient d'être touché par le ballon.
- Dessine un prisonnier de l'équipe rouge à l'endroit qui convient.

GRILLE DE RELECTURE

	Évaluation		Co-évaluation	
	oui	non	oui	non
• L'écriture est soignée.	☐	☐	☐	☐
• Le nom du jeu est écrit.	☐	☐	☐	☐
• Le nombre de joueurs est indiqué.	☐	☐	☐	☐
• Le matériel nécessaire est précisé.	☐	☐	☐	☐
• Des flèches indiquent le trajet des enfants.	☐	☐	☐	☐
• Le but du jeu est donné.	☐	☐	☐	☐
• La fin du jeu est expliquée.	☐	☐	☐	☐
• Chaque phrase commence par une majuscule et se termine par un point.	☐	☐	☐	☐

RÉÉCRITURE

Si, avec l'aide de ton maître ou de ta maîtresse,
tu as coché une ou plusieurs cases « non »,
tu devras corriger ta règle du jeu, puis la recommencer.

Code pour remplir la grille
A : acquis
E.C.A. : en cours d'acquisition
N.A. : non acquis

TYPES DE TEXTES	Produit des textes lisibles.	Présente son travail avec soin.	Utilise la ponctuation (les points).	Utilise les majuscules à bon escient (début des phrases, noms propres).	Adapte la présentation au type de texte.	Construit des phrases correctes.	Sait se relire.	Sait utiliser la grille de relecture pour modifier son travail.	Est capable de réinvestir ses acquis dans une production individuelle.	Est capable de rédiger un texte court.	Respecte l'ordre chronologique d'une prescription ou d'une histoire.	Sait conclure un texte.
Les listes												
Un court récit												
Des affiches												
Les bulles de la bande dessinée												
Des cartes postales												
Des poésies												
Les recettes												
La fin d'un récit												
Les règles du jeu												

Conception couverture : Kube
Illustration couverture : Ortega S.I.S. the stock illustration source.
Conception intérieure : Sarbacanne
Illustrations intérieures : Marianne Dupuis-Sauze ; François Tallon ; Ludowick Thomas ; Thierry Laudrain.
Dépôt légal : Août 1999 - N° Éditeur : 99/373
Imprimé en France par Pollina, 85400 Luçon - N° 78308